BEI GRIN MACHT SICH IHR WISSEN BEZAHLT

AF155074

- Wir veröffentlichen Ihre Hausarbeit, Bachelor- und Masterarbeit

- Ihr eigenes eBook und Buch - weltweit in allen wichtigen Shops

- Verdienen Sie an jedem Verkauf

Jetzt bei www.GRIN.com hochladen und kostenlos publizieren

Stefanie Kinast

Stilleübungen und Sinneserfahrungen im Religionsunterricht der Grundschule

Stille ist kein Ziel, Stille ist die Chance die Fülle des Lebens zu entdecken

GRIN Verlag

Bibliografische Information der Deutschen Nationalbibliothek:

Die Deutsche Bibliothek verzeichnet diese Publikation in der Deutschen National-
bibliografie; detaillierte bibliografische Daten sind im Internet über http://dnb.d-
nb.de/ abrufbar.

Dieses Werk sowie alle darin enthaltenen einzelnen Beiträge und Abbildungen
sind urheberrechtlich geschützt. Jede Verwertung, die nicht ausdrücklich vom
Urheberrechtsschutz zugelassen ist, bedarf der vorherigen Zustimmung des Verla-
ges. Das gilt insbesondere für Vervielfältigungen, Bearbeitungen, Übersetzungen,
Mikroverfilmungen, Auswertungen durch Datenbanken und für die Einspeicherung
und Verarbeitung in elektronische Systeme. Alle Rechte, auch die des auszugsweisen
Nachdrucks, der fotomechanischen Wiedergabe (einschließlich Mikrokopie) sowie
der Auswertung durch Datenbanken oder ähnliche Einrichtungen, vorbehalten.

Impressum:

Copyright © 2007 GRIN Verlag, Open Publishing GmbH
Druck und Bindung: Books on Demand GmbH, Norderstedt Germany
ISBN: 978-3-640-87405-7

Dieses Buch bei GRIN:

http://www.grin.com/de/e-book/169229/stilleuebungen-und-sinneserfahrungen-
im-religionsunterricht-der-grundschule

GRIN - Your knowledge has value

Der GRIN Verlag publiziert seit 1998 wissenschaftliche Arbeiten von Studenten, Hochschullehrern und anderen Akademikern als eBook und gedrucktes Buch. Die Verlagswebsite www.grin.com ist die ideale Plattform zur Veröffentlichung von Hausarbeiten, Abschlussarbeiten, wissenschaftlichen Aufsätzen, Dissertationen und Fachbüchern.

Besuchen Sie uns im Internet:

http://www.grin.com/

http://www.facebook.com/grincom

http://www.twitter.com/grin_com

Stilleübungen und Sinneserfahrungen im Religionsunterricht der Grundschule

Stille ist kein Ziel, Stille ist die Chance die Fülle des Lebens zu entdecken

In einer Zeit, in der Kinder nur wenige Bezüge zu religiösem Leben haben, erscheint es nicht immer einfach, Ansätze zu finden, um gemeinsam mit ihnen spirituelle Wege zu beschreiten. Stilleübungen und Übungen zur sinnlichen Wahrnehmung können Angebote auf einem Weg sein, der religiöse Erfahrungen überhaupt erst möglich macht, denn Voraussetzung für jede tiefere spirituelle Erfahrung ist ein Mindestmaß an Sammlung und innerer Ruhe. Die Selbstwahrnehmung steht in einem engen Zusammenhang mit diesen tieferen Erfahrungen: "Wenn der Glaube bedeutet, dass ich angesprochen bin, muss ich zuerst mich selbst wahrnehmen." Dazu gehört, sich auf die eigenen Wahrnehmungen verlassen zu können, den eigenen Sinnen zu vertrauen. Kinder wollen das Leben schmecken, riechen, fühlen, sehen und hören und brauchen ausreichend Bewegung, um ihr Gleichgewicht zu finden. Globale Ziele der Übungen im Religionsunterricht sind die Förderung der Sensibilität für die eigene Person, für andere Menschen, für Gott und die Schöpfung. Sich selbst wahrnehmen (als Ganzheit von Körper, Seele und Geist) und darüber hinaus wahrnehmen, was wichtig und bedeutsam erscheint, fällt Kindern jedoch zunehmend schwerer. Leistungsdenken, Funktionalismus und eine zunehmende Mediatisierung im Alltag haben Kinder und deren Lebenszusammenhänge längst erreicht. Kinder reagieren darauf häufig mit Unruhe, Spannungen und Konzentrationsmängeln. Stilleübungen und Sinneserfahrungen bieten im Religionsunterricht die Möglichkeit, Spiritualität nicht ausschließlich über Texte oder Bilder erfahrbar zu machen, sondern über ein unmittelbares "Berührtsein.

Bedeutung der Stille - „Gute Atmosphäre, die zur Bildung hilft, bildet sich nicht ohne Stille"

Die Stille gehört für M. Montessori zur Bildung (Montessori in Helming 1977, S. 71). „Stille ist das Fundament des Lernens. Hingabe an eine Tun erfolgt aus Sammlung und Stille" (dito, 1977, S. 71). Die Stille hat bei Montessori einen sehr hohen Wert: „Trotzdem weiß man, vor allen Dingen, von der erzieherischen Seite her, dass die Stille einen sehr hohen inneren Wert hat, und dass die Menschen, die sich zu vervollkommnen suchen oder die mit ihrer Intelligenz auf ein sehr hohes Niveau gelangen wollen." (Montessori, 1994, S. 132 f.).

Aktive und passive Stille

„Es gibt zwei Arten von Stille: passive und aktive Stille. Beide sind in der Art ihres Personenbezugs einander konträr. Wird die eine als Zwang und Beengung erfahren, ist die andere geprägt von lustvollem Erleben in angespannter Aufmerksamkeit" (Herz, 1993, S. 72).

Passive Stille ist erzwungen, so wie es in vielen Elternhäusern oder Einrichtungen praktiziert wird durch Reglementieren und Befehlen. Diese Art lehnt Montessori ab. Die Fremdbestimmung des Kindes erzeugt Angst und steht konträr zur Eigenaktivität. Stille muss vom Kind gewollt sein.

Diese angestrebte Stille ist eine **aktive Stille**, ein Still-Werden und Aufnehmen der Stille. Voraussetzung ist aber auch eine Beherrschung des Körpers. Man kann nur leise durch einen

Raum gehen, indem man beherrschte Bewegungen ausführt. Ein Ruhezustand ist nur möglich durch ein Bewusstwerden des eigenen Körpers. Immer mehr liest man von Verhaltensauffälligkeiten, Hyperaktivität und sogar von psychosomatischen Störungen bei Kinder. Die Unruhe der Kinder ist ein Problem unserer Gesellschaft. Die Medien, wie Fernsehen, Computer bieten den Kindern eine Vielzahl und einen sehr schnellen Wechsel von Reizen. Sie bringen sehr oft Unruhe, Hektik und vor allem auch Lärm mit sich. Das führt dazu, dass Kinder heutzutage nicht mehr selbstverständlich mit Ruhe vertraut sind. Durch die hohen Ansprüche an Informationsverarbeitung sind die Kinder oft überfordert. Hinzu kommt, dass Medien oft als Ersatz für Spielpartner dienen, das gemeinsame, entspannte, selbstvergessene Spiel bleibt auf der Strecke. Da die Kinder als Konsumenten angesprochen werden, steigert sich die Unzufriedenheit und das Konsumdenken. Es entsteht ein stetiges Streben nach mehr. Die Kinder können keine Freude mehr finden an den kleinen Dingen im Leben, z. B. an der Natur. Dann leben die Kinder zuschauend statt erlebend, d. h. sie machen nur mittelbare Erfahrungen und erleben eine Wirklichkeit aus zweiter Hand. Dabei werden Körpererfahrungen und Kreativität eingeschränkt. Die Kinder können nicht mehr zu sich selbst, zu ihrem ruhenden Pool im Inneren finden. Stilleübungen sollen helfen, die Kreativität und Phantasie anzuregen und bieten Möglichkeiten, Ängste zu verarbeiten. Die Kinder sollen wieder lernen, auf ihre inneren Bilder zurückzugreifen.

Was sind Stilleübungen?

Stilleübung ist ein Sammelbegriff für alle Spiele und Übungen, in denen Kinder Stille als Erfahrungsraum positiv erleben. Der Unterschied zwischen Laut und Leise, Bewegung und Ruhe wird verdeutlicht und hervorgehoben. Bei den Übungen wird in der Regel nicht gesprochen, dafür werden die Sinne bzw. bestimmte Körpererfahrungen angeregt. Stilleübungen sind u. a. Sinnesübungen, aber auch Massagen, Mandala malen und Phantasiereisen. Kurz: alles was Stille zum Erlebnis macht.

Das Wort „Schule" weist in seinem Ursprung der griechischen und lateinischen Sprache auf eine Bedeutung hin, die in unserer Zeit verlorengegangen zu sein scheint: Muße, Beschaulichkeit, Besinnlichkeit und Ruhe sind Begriffe, die von diesem Verständnis her mit Schule in Verbindung zu bringen sind. Wir assoziieren heute weit eher Geschäftigkeit, Aktivität und Leistung. Momente der Ruhe und Entspannung werden als Gegengewicht zum zielgerichteten Lernen im Sinn eines Ausgleichs bewusst in den Unterricht hineingenommen. Die Erkenntnis eines natürlichen Rhythmus von Aktivität und Besinnung, als in langer Tradition bewährter und hilfreicher Wechsel der Lebensformen setzt sich bis in die tägliche Schularbeit durch. Regelmäßige Stilleübungen sind Ausdruck dieser Erkenntnis und der Suche nach Ruhepolen. Sie können auf längere Zeit hin dazu führen, dass Kinder diese Phasen als wohltuendes Gegengewicht erleben, als Ausgleich zur vorwiegend kognitiven Arbeit, zum Schulstress und Leistungsdruck. Produktiv-schöpferisches Denken kann dabei zur Sammlung, Ruhe und Ausgeglichenheit führen. Es geht nicht darum, von Kindern von Anfang an die totale Stille und Bewegungslosigkeit zu erwarten. „Stilleübungen müssen nicht schweigende Übungen sein, sondern beinhalten auch Übungen, die zum Stillwerden einladen. Dabei ist mit Stillwerden nicht äußeres Stillsein gemeint, sondern inneres Stillwerden. Das innere Stillwerden führt zur Begegnung mit sich selbst und zu ganz neuen Wahrnehmungs- und Erfahrungsmöglichkeiten. Die Fragen nach der eigenen Identität, nach Sinn und Zweck des Lebens und auch die Frage nach Gott, nach der Wirklichkeit Gottes im eigenen Leben erhalten Raum.

Wozu dienen Stilleübungen?

Unser Alltag ist geprägt von ruheloser Hektik und ständigen Geräuschen. Zur Ruhe kommen: das lässt Kraft schöpfen und setzt Kreativität frei. Kinder brauchen beides nötig:

1. Kognitiv

- Fähigkeit abzuschalten und zu entspannen beibehalten
- Wahrnehmung wird gefördert durch Sinnesanregungen
- Konzentration wird gesteigert und geübt
- Ausdauer wird angeregt und gefördert
- Begriffsbildung und Förderung der Kommunikation
- abstraktes Vorstellungsvermögen wird gefördert
- Lernbereitschaft steigern
- Schul- und Lebensvorbereitung!

2. Sozial

- Kontakt untereinander (gemeinsames Üben, Körperkontakt)
- Selbstbewusstsein stärken durch Erfolgserlebnisse
- Gemeinschaftsgefühl entsteht
- Spielfähigkeit fördern
- Phantasie fördern, Kooperation
- Achtung und Wertschätzung untereinander

3. Emotional

- Kreativität und Phantasie
- Persönlichkeitsentwicklung, Selbstvertrauen
- Entscheidungsfreudigkeit durch erkennen der eigenen Fähigkeiten und Fertigkeiten
- Freude an den kleinen Dingen im Leben
- Verarbeitung von erlebten durch Träumereien
- Gleichgewicht zwischen Bewegung und Ruhe
- Stress und Leistungsdruck verarbeiten durch Abschalten
- innerliche Stabilität
- Aus sich selbst heraus zur Ruhe finden ohne Hilfsmittel wie Medien (Suchtprävention!)
- Ängste mindern und abbauen
- sich selbst Freiräume schaffen

4. Motorisch

- Körperwahrnehmung und Körperbewusstsein
- eigene Akzeptanz und Annahme
- besseres Vertrauen in eigenen motorische Leistungen
- Bewusstsein für Körpervorgänge, Unterschied Bewegung-Entspannung
- Verspannungen lösen und Haltung verbessern
- Atemtechnik üben
- Stabilisierung des Immunsystems"

10 goldene Regeln - „Übungen als Teil einer ganzheitlichen Erziehung"

Damit Stilleübungen und Sinneserfahrungen gelingen, bedarf es einer sorgfältigen Vorbereitung und sicheren Anleitung.

- Die innere Haltung der Lehrperson

Neben den methodisch-didaktischen Überlegungen scheint die innere Haltung der Lehrperson bei Stilleübungen und Sinneserfahrungen wesentlich zu sein. Bei spirituellen Übungen handelt es sich um mehr als eine Methode, die beliebig eingesetzt werden kann und die der Abwechslung des Unterrichtsgeschehens dient. Die eigene Auseinandersetzung mit spirituellen Zugängen ist erforderlich. Um den Schülern vermitteln zu können, dass es sich um wohltuende und bereichernde Erfahrungen handelt, bedarf es der eigenen inneren Beteiligung: "Wer nicht aus eigener Erfahrung um den Wert der Stille-Erfahrung weiß, kann seine Schüler nicht auf den Weg dorthin mitnehmen."4 Ein eigenes Berührtsein von den Inhalten und Symbolen, die eingesetzt werden, macht das Angebot für die Kinder authentisch. Zum Zeitpunkt des Angebotes sollte man selbst über ein gewisses Maß an innerer Ruhe und Gelassenheit verfügen.

- Vorerfahrungen der Schüler berücksichtigen

Kinder im Grundschulalter haben bereits unterschiedliche Erfahrungen im Zusammenhang mit Stille gemacht. Möglicherweise verbinden sie damit eher unangenehme Gefühle, insbesondere dann, wenn Stille in der Vergangenheit instrumentalisiert wurde, um ein erwünschtes Verhalten zu erreichen. Stille aushalten zu lernen und zur Ruhe zu kommen, muss in kleinen Schritten geübt werden. Schüler sollten für ihre Bemühungen gelobt werden.

- Die Atmosphäre in der Klasse

Spirituelle Erfahrungen können nur in einem Umfeld erlebt werden, in dem Kinder sich akzeptiert und als Person angenommen fühlen. Gefühlsäußerungen bleiben in einer akzeptierenden und warmen Atmosphäre frei von Bewertungen durch die Lehrperson oder durch Mitschüler. Die Freiwilligkeit der Teilnahme ist eine Grundvoraussetzung. In diesem Sinne verstehen sich die Übungen als Angebote, die eine offene, vertrauensvolle und gemeinschaftsbildende Atmosphäre in der Klasse fördern können. Jedoch eignet sich nicht jede Gruppenphase für den Einsatz der Übungen: In Klassen, in denen das Miteinander der Schüler wenig vertrauensvoll ist und gegenseitige Verletzungen zum Alltag gehören, sollte an der vorhandenen Problematik gearbeitet werden, bevor Stilleübungen und Sinneserfahrungen Bestandteil des Religionsunterrichtes werden.

- Die Raumgestaltung

Die Umgebung, in der die Übungen angeboten werden, hat Einfluss auf die Bereitschaft, sich zu öffnen. Der Raum, in dem Stilleübungen stattfinden, sollte deshalb einen einladenden Charakter haben. Die Schüler sollten sich in dem Raum wohlfühlen und die Möglichkeit haben, Gestaltungswünsche einzubringen. Eine Strukturiertheit des Raumes und der darin befindlichen Gegenstände kann die Bereitschaft zur Sammlung und Konzentration fördern. Das gemeinsame, einander zugewandte Sitzen im Kreis erscheint hier die geeignete Kommunikationsform (kleinere Teppichstücke eignen sich, um auf dem Boden zu sitzen). Die Kreismitte enthält ein Gestaltungselement (Tuch, Kerze, Stein, Blume, Schale, Baumscheibe usf.). Zum einen, um das bedeutsame, feierliche Element zu betonen, zum anderen, um dem Auge einen Ruhepol anzubieten, bei dem es vorerst verweilen kann.

- Dem Bewegungsbedürfnis Raum geben

Was Menschen erleben, denken und fühlen, hat stets mit dem eigenen Körper zu tun. Kinder brauchen ausreichend Gelegenheit, den eigenen Körper sowohl in Ruhe als auch in Bewegung zu spüren. Stilleübungen und Übungen zur Sensibilisierung der Sinne können dazu verhelfen, die körperlichen Bedürfnisse bewusster wahrzunehmen, um diese angemessen befriedigen zu können. Bewegungsspiele und praktisch erlebbare Körperempfindungen sollten Bestandteil der Stilleübungen und der Sinneserfahrungen sein. Stille erfahren bedeutet jedoch nicht, bewegungslos oder gar starr zu sein.

- Den geeigneten Zeitpunkt wählen

Nicht jeder Zeitpunkt im Unterrichtsgeschehen ist geeignet, um Übungen anzubieten. Die Lehrperson wird ein Gespür dafür entwickeln, wann die Schüler bereit zur Sammlung und Konzentration sind. Der pädagogische Grundsatz, die Schüler dort abzuholen, wo sie stehen, findet hier seine Anwendung. Praktisch gesprochen heißt das: wahrzunehmen, aus welcher Situation die Schüler kommen und in welcher Verfassung sie sind. Das Ende des Unterrichts eignet sich meist nicht zum Angebot der Übungen, weil es den Schülern schwer fällt, Geduld aufzubringen und zu verweilen. Der Beginn einer Unterrichtsstunde ist häufig die Phase, in der Schüler sich unbelasteter auf Übungen einlassen können. In jedem Fall scheint es sinnvoll, den Zeitpunkt der Durchführung markant von anderen Aktivitäten abzugrenzen. Rituale, die auf das hinweisen, was folgt, helfen Schülern, den eigenen Rhythmus zu finden. Sie können Sicherheit und Geborgenheit vermitteln. Die Dauer der Übungen hängt von den Erfahrungen der Schüler mit dem methodischen Angebot ab. Die Dauer der Übungen ist nicht entscheidend für die Intensität der Wahrnehmung, die von den Schülern gemacht werden.

- Die Auswahl der Übungen

Um Spiritualität erfahren zu können, bedarf es der inneren Sammlung und einer Offenheit für sinnliche Wahrnehmungen. Zugänge zur Spiritualität können beispielsweise mit Hilfe von Stilleübungen, Fantasiereisen, dem Legen, Betrachten und Malen von Mandalas, Übungen zur Sinnes- und Körperwahrnehmung und dem kreativen Ausdruck von Emotionen erschlossen werden. Den eigenen kreativen Ideen der Lehrperson sind hier keine Grenzen gesetzt. Spirituelle Bemühungen sind auf Bescheidenheit ausgerichtet und unterwerfen sich weder Trends noch Stimmungen.

- Vom Umgang mit Störungen

Hilfreich sind einige Regeln, die miteinander vereinbart werden und deren Einhaltung entscheidend für das Gelingen der Übungen ist. Solche Regeln können sein:

• die Teilnahme an den Übungen ist freiwillig;
• wer nicht mitmachen möchte oder eine Übung vorzeitig beendet, verhält sich ruhig und stört die anderen nicht;
• während der Übungen sollte nicht gesprochen werden;
• es wird niemand für das, was er/sie sagt oder tut, ausgelacht.

Störungen sind jedoch nicht in jedem Fall unangebracht. Sie können auch wichtige Signale dafür sein, dass Schülern Zugangswege versperrt bleiben oder sie sich von den Übungen überfordert fühlen. Der kurze Austausch im Anschluss an Übungen kann genutzt werden, um zu erfahren, wo Schüler Schwierigkeiten haben. Bei allem Engagement der Lehrperson wird es jedoch stets Schüler geben, die wir mit den Übungen nicht erreichen werden.

- Die Auswertung

Damit die Lehrperson den gemeinsamen Prozess der Übungen sinnvoll begleiten kann, empfiehlt es sich, Beobachtungen und Eindrücke nach den Übungen schriftlich festzuhalten.

Die **Stilleübungen im Schulalltag** orientieren sich im allgemeinen am Prinzip des Einfachen und Wiederholbaren. Sie sollten daher einen festen, für die Kinder erwarteten Platz einnehmen und wiedererkennbare Zeichen bereithalten. In der Regel dauern die Übungen nicht länger als 5-10 Minuten. Zahlreiche Übungen werden durchgeführt, indem die Kinder eine Grundhaltung einnehmen; dazu gehört bequemes Sitzen, freies Atmen, die Augen bleiben geschlossen oder ruhig auf einen Punkt gerichtet. **Bewegungs- und Körperübungen** gehören zu den von Kindern besonders geliebten Stilleübungen; auch sie können zu großer Konzentration und zum inneren Stillwerden führen, wenn sie entsprechend eingeleitet und mit der nötigen Achtsamkeit durchgeführt werden. **Themenbezogene Übungen** können in diesem Sinn phantasiereich gestaltet werden.

Vorstellung verschiedener Stilleübungen – theoretisch

Stein-Reich
Fast alle Kinder sammeln gerne Steine und betrachten sie hingebungsvoll. Oder sie werfen sie ins Wasser und beobachten die entstehenden Kreise. Die Beschäftigung mit Steinen hat ohne viel Zutun beruhigende, meditative Momente. Und wenn ein Kind aus dem Urlaub schöne Steine mit nach Hause bringt, dann ist es schnell stein-reich. In der Wohnung kann man dann auf buntem Filz mit Märchenwolle und Steinen schöne Landschaften mit Tieren und Zwergen gestalten.

Übungen mit Pflanzen
Wenn man mit Kindern Naturmaterialien wie Früchte und Blüten sammelt, lassen sich daraus Muster und Mandalas legen - eine Beschäftigung, die von selbst still macht. Eine ebenso stille Beschäftigung ist es, Pflanzen zu malen, zu tuschen oder zu kneten. Oder Sie legen Blätter von verschiedenen Bäumen oder Büschen, Früchte, Holzteile oder andere Fundstücke in eine nur mit einen Eingriffloch ausgestattete, sonst aber verschlossene Kiste legen und die Kinder durch bloßes Fühlen erraten lassen, was ihnen hier unter die Finger kommt.

Bewegungsphantasien mit Tieren
Kindern gelingt es leicht und ohne die Hilfe von Erwachsenen, sich in Situationen hineinzuversetzen. Wenn sie spielen, sind sie ein brüllender Löwe oder ein verschmustes Kätzchen. Hat sich ein Kind gut ausgetobt, stellt es sich danach vielleicht gerne vor, es sei in einem "Aquarium". Lauschen Sie gemeinsam und schweigend der Musik aus dem "Karneval der Tiere" von Camille Saint-Saens. Jetzt darf ihr Kind Wasserpflanze oder Fisch sein. Ein buntes Tuch dient als Flosse oder Pflanzenblatt. Dann schwimmt das Kind zur Musik durch den Raum oder schwingt als Pflanze hin und her. Haben Sie Lust mitzumachen?

Rückenmassage
Lassen Sie Ihre Hände zu Ihren Kindern sprechen - entweder durch eine unaufwändige Rückenmassage oder eine stimmungsvolle Duftmassage bei Kerzenlicht und Musik.

Mandalas
Üben Sie sich gemeinsam mit Ihren Kindern darin, Mandalas zu malen. Mandalas sind Kreise, die beruhigen und uns in die Stille und die eigene Mitte führen.

Fantasiereisen
Leiten Sie Ihr Kind an, sich auf eine Fantasiereise zu begeben. Wahrscheinlich wird Ihr Kind gerne mitmachen, denn meistens sprühen Kinder vor Fantasie, die durch die "Reise" in eine bestimmte Richtung gelenkt wird. So kann es Dinge erleben oder erproben, die normalerweise nicht möglich sind. Dabei sind der Vorstellungskraft keine Grenzen gesetzt. So können Sie beispielsweise Ihr Kind animieren, seinen Körper zu durchreisen, mit Pflanzen und Tieren zu reden oder und einen Schutzengel um Hilfe zu bitten. Die Begegnung mit den inneren Bildern hilft kleinen und großen Fantasiereisenden, sich selbst besser kennenzulernen und die eigenen Kraftquellen zu finden. Möchten Sie das gerne einmal in Ihrer Familie ausprobieren? Dann begeben Sie sich doch gemeinsam auf eine Fantasiereise, die für Frieden und Heiterkeit bei allen sorgen kann.

Der Stein - Ziele: • Die Schüler sollen sich Zeit nehmen, bewusst einen Stein und seine Beschaffenheit zu erkunden (hart, rau, glatt, kalt, warm, matt, glänzend usf.), • den Stein als Symbol für das Unvergängliche erschließen, • das Tastgefühl intensiv wahrnehmen.

Material:

• Eine ausreichende Anzahl von unterschiedlichen Steinen (die ein Auswählen ermöglicht).

Ablauf:

• Wir sitzen gemeinsam im Kreis,
• in der gestalteten Mitte liegt ein großer Stein;
• wir teilen den Schülern mit, dass wir uns heute näher mit Steinen beschäftigen;
• es werden verschiedene kleinere Steine dazugelegt;
• die Schüler werden aufgefordert, sich einen Stein, der sie besonders anspricht, auszuwählen und ihn genau zu betrachten;
• die Schüler nehmen eine angenehme Sitzhaltung ein und werden auf die Stille-Übung eingestimmt;
• dann wird der Stein mit geschlossenen Augen erkundet. Dazu kann folgender Text langsam und mit ausreichenden Pausen gesprochen werden:

"Du hältst ein Stein in deiner Hand ... versuche dich mit geschlossenen Augen daran zu erinnern, wie der Stein aussieht... Welche Farbe hat dein Stein? ...Richte deine Aufmerksamkeit auf seine Form und fühle nach...ist er rund? ... Oder is es ein kantiger Stein? ... Wiege den Stein in deiner Hand; spürst du sein Gewicht in deiner Handfläche? ... Nun umschließe den Stein mit deiner Hand und halte ihn eine Weile fest ... wie fühlt sich der Stein an, so fest in deiner Hand verborgen? ... Öffne deine Handfläche wieder .... nimm dir Zeit herauszufinden, woher der Stein kommt ... wo mag er gelegen haben, bevor du ihn heute hier entdeckt hast ... Frage deinen Stein ... und höre ob er dir eine Geschichte erzählen kann..."

• die Schüler werden behutsam zurückgeführt.

Impulse zur Vertiefung:

• Jeder Schüler bekommt einen Tropfen Massageöl und ölt den Stein sorgfältig ein;
• nachdem die Schüler kurz über ihre Erfahrungen berichtet haben, werden die Steine reihum weitergegeben, bis der eigene Stein wieder angekommen ist;
• Stein- Metaphern und deren Bedeutung werden gemeinsam überlegt (Hart wie Stein, steinalt, starr wie ein Stein, über Stock und Stein, steinerweichend, Stolperstein usf.);
• Biblische Bezüge herstellen, in denen Stein als Element vorkommt (Gen 28, 10: "Jakobs Traum auf dem Schlafstein"; Mt 21, 42: "Der Stein, den die Bauleute verworfen haben ist zum Eckstein geworden" usf.)

- Mandala legen

Ziele:

• die Schüler sollen beim Legen und Betrachten eines Mandala zur Ruhe und Entspannung finden;

• sowie die eigenen Gefühle kreativ ausdrücken.

Material:

• Unterschiedliche (Natur-) Materialien wie: kleine Steine, Federn, Blätter, Blüten, Schneckenhäuser, kleine Baumscheiben, Holzperlen, Kastanien, Märchenwolle usf.

Ablauf:

• Die Schüler haben ausreichend Zeit, Material auszuwählen;

• bei meditativer Musik legt jeder sein Mandala (evtl. auch zu zweit oder in kleineren Gruppen);

• die Schüler gehen durch den Raum und nehmen sich Zeit, die anderen Mandalas zu betrachten. Wer möchte, kann sein Mandala vorstellen.

Impulsfragen:

• Im Anschluss kann gemeinsam überlegt werden, wo in der Natur runde Formen vorkommen.

Verschiedene Praxisbeispiele - praktisch

Übungen zur Sensibilisierung der Sinne

- Geräuschedöschen
- Dem Ton nachhören
- Fühlkissen
- Auf Tuchfühlung gehen
- Gedanken-Rucksack
- Powertüten

Biblische Geschichten

- **Der blinde Bartimäus** - Ziel: Den Aussagegehalt der Geschichte durch die eigenen Gefühle erfahren (und nicht nur über den Verstand).

Material:

• Eine große dicke Kerze in der Kreismitte.

Ablauf:

• Wir sitzen mit den Schülern im Kreis, in der Mitte brennt die Kerze (der Raum ist abgedunkelt);
• wir bereiten die Schüler auf die Geschichte vor und bitten sie, beim Zuhören die Augen zu schließen;
• den Schülern wird angekündigt, dass sie am Ende der Geschichte mit geschlossenen Augen und in ruhiger Körperhaltung auf ein "Zeichen" warten dürfen;
• die Geschichte vom blinden Bartimäus wird vorgelesen7;
• die Lehrperson nimmt die Kerze und geht langsam von Schüler zu Schüler;
• dabei wird die Kerze so gehalten, dass die Schüler das Licht und die Wärme wahrnehmen.

Impulsfragen:

• Wie ging es Dir bei der Geschichte?
• Wie ist es Bartimäus ergangen, als er nicht sehen konnte?
• Was hast Du gefühlt, als Du auf das Zeichen gewartet hast?
• Wie war es, als das Zeichen kam?

- Fantasiereise: Gott ist wie ein guter Hirte (Psalm 23)8

Du bist draußen in der Natur... Es ist ein schöner Tag... Du beschließt, zu dem Feld zu laufen... auf dem oft ein Hirte mit seiner Herde steht... Schon von weitem hörst du das Blöken der Schafe... und ab und zu das Bellen von einem der Schäferhunde... Als du dich näherst, riechst du in der Nase den ganz typischen Geruch der Tiere, den du so sehr magst... Du streichelst eines der Schafe.. spürst das weiche, haarige Fell in deinen Händen... und hältst Ausschau nach dem Hirten... Der ist am Ende der Herde und beginnt gerade damit, seine Schafe auf eine andere Weide zu führen ... Die ganze Herde setzt sich in Bewegung ... und du gehst einfach mit ... folgst ihr ... Der Weg geht zunächst über Feldwege... und dann über eine Wiese ... von dort aus gelangst du zu einem Bach... du siehst, dass sich der Hirte an der Quelle des Baches niederlässt... und gehst zu ihm hin ... Du freust dich, ihn anzutreffen ... Ihr verweilt eine ganze Zeit an der Quelle ... bis der Hirte dich und die Herde in ein Tal führt ... Das Tal wird immer enger ... und auch dunkler ... und kühler ...Wenn du nach oben schaust, siehst du die Sonne noch ... aber ihre Wärme ist im Moment nicht zu spüren ... Doch du hast Vertrauen zu dem Hirten ... und folgst immer weiter ... bis zum Ende des Tales... Dort tut sich eine weite ... grüne ... helle Ebene auf ... Wohin dein Auge auch schaut, du siehst grüne saftige Wiesen ... der Hirte lädt dich ein, mit ihm gemeinsam auszuruhen und dich zu stärken ... Er breitet seine Decke aus ... und teilt seinen Proviant mit dir ... Du sitzt mit ihm gemeinsam an diesem schönen Flecken Erde ... und spürst wie du auftankst ... und Kraft schöpfst ... Die Schafe grasen zufrieden ... ab und zu kommt einer der Hunde zu euch ... und erhält vom Hirten ein Stück Wurst ... Du genießt diese friedliche Stimmung ... die Sonne ... und vor allem die Anwesenheit des Hirten ... Du unterhältst dich mit ihm ... und spürst, dass er dich sehr mag ... Der Hirte lädt dich ein, wann immer du möchtest, zu ihm zu kommen ... mit ihm zu gehen ... und bei ihm zu sein ... Überglücklich über diese Einladung verabschiedest du dich ... und machst dich auf den Heimweg ... Du beschließt, die Freundschaft zu dem Hirten zu pflegen ...

Ziele:

• Die Schüler sollen beim Hören der Geschichte eigene innere Bilder entwickeln;
• die Gefühle sollen angesprochen werden und die Kinder bereichern;
• Sinneswahrnehmungen sollen angeregt werden.

Material:

• reine Schafswolle (im Bastelladen);
• Schafe auf Tonkarton (siehe Kopiervorlage Schaf).

Ablauf:

• Die Schüler werden auf die Fantasiereise eingestimmt;
• es wird eine bequeme Sitzhaltung im Kreis eingenommen, in der die Schüler gut atmen können und sich nicht eingeengt fühlen;
• die Schüler schließen ihre Augen und formen beide Hände zu einer Schale, die in den Schoß gelegt wird;
• die Geschichte langsam in ruhiger Tonlage vorlesen (evtl. kann der Text gekürzt werden);
• den Schülern wird die Wolle (oder das bereits angefertigte Schaf in die Hände gelegt);
• die Schüler werden ermuntert, mit geschlossenen Augen zu tasten und an der Wolle zu riechen;
• nun werden sie behutsam aus der Geschichte zurückgeführt und schauen, was in ihrer Hand liegt;
• eventuell kann der Psalm gesprochen werden.

Impulsfragen:

• Es kann gemeinsam überlegt werden, wie die Freundschaft zu dem Hirten gepflegt werden kann, gerade im übertragenen Sinn zu Gott.

Literaturangaben

http://www.rpi-loccum.de/stille.html

Maschwitz, Gerda u. Rüdiger: Gemeinsam Stille entdecken. Übungen für Kinder und Erwachsene. München: Kösel-Verlag 1995.

Esser, Wolfgang u. Kothen, Susanne: Die Seele befreien. Spiritualität für Kinder. Ein Praxisbuch. München: Kösel-Verlag 1998.

Brunner, Reinhard: Hörst du die Stille? Meditative Übungen mit Kindern. München: Kösel-Verlag 1998.

Olbrich, Hiltraud u. Stonis, Andreas: Was gut tut. Spiel und Stille im Religionsunterricht. Werkbuch RU 1 bis 6. Lahr: Ernst Kaufmann Verlag 1999.

Peters, Claudia: Still werden und Staunen. "Stille Zeiten" in Kindergarten, Schule und Gruppen. Freiburg i. Br.: Herder Verlag 1998.

Bellinghausen, Christine: Die Welt mit Licht füllen. 30 Mandalas zu 24 Märchen zum Lesen, Erzählen, Ausmalen. München: Deutscher Katecheten-Verein e.V 1998.

http://www.ifrr.de/Beitraege/420014.html

Handout

Thema des Referats

Stilleübungen und Sinneserfahrungen im Religionsunterricht der Grundschule

Stille ist kein Ziel, Stille ist die Chance die Fülle des Lebens zu entdecken

Stilleübungen und Übungen zur sinnlichen Wahrnehmung können Angebote auf einem Weg sein, der religiöse Erfahrungen überhaupt erst möglich macht, denn Voraussetzung für jede tiefere spirituelle Erfahrung ist ein Mindestmaß an Sammlung und innerer Ruhe. Die Selbstwahrnehmung steht in einem engen Zusammenhang mit diesen tieferen Erfahrungen. Stilleübungen und Sinneserfahrungen bieten im Religionsunterricht die Möglichkeit, Spiritualität nicht ausschließlich über Texte oder Bilder erfahrbar zu machen, sondern über ein unmittelbares "Berührtsein.

Bedeutung der Stille - „Gute Atmosphäre, die zur Bildung hilft, bildet sich nicht ohne Stille"

Die Stille gehört für M. Montessori zur Bildung (Montessori in Helming 1977, S. 71).
„Stille ist das Fundament des Lernens. Hingabe an eine Tun erfolgt aus Sammlung und Stille."

Aktive und passive Stille

„Es gibt zwei Arten von Stille: passive und aktive Stille. Beide sind in der Art ihres Personenbezugs einander konträr. Wird die eine als Zwang und Beengung erfahren, ist die andere geprägt von lustvollem Erleben in angespannter Aufmerksamkeit" (Herz, 1993, S. 72).

Passive Stille ist erzwungen, so wie es in vielen Elternhäusern oder Einrichtungen praktiziert wird durch Reglementieren und Befehlen. Diese Art lehnt Montessori ab. Die Fremdbestimmung des Kindes erzeugt Angst und steht konträr zur Eigenaktivität. Stille muss vom Kind gewollt sein.

Diese angestrebte Stille ist eine **aktive Stille**, ein Still-Werden und Aufnehmen der Stille. Voraussetzung ist aber auch eine Beherrschung des Körpers. Man kann nur leise durch einen Raum gehen, indem man beherrschte Bewegungen ausführt. Ein Ruhezustand ist nur möglich durch ein Bewusstwerden des eigenen Körpers. Immer mehr liest man von Verhaltensauffälligkeiten, Hyperaktivität und sogar von psychosomatischen Störungen bei Kinder. Die Unruhe der Kinder ist ein Problem unserer Gesellschaft. Die Kinder sollen wieder lernen, auf ihre inneren Bilder zurückzugreifen.

Stilleübungen

Stilleübung ist ein Sammelbegriff für alle Spiele und Übungen, in denen Kinder Stille als Erfahrungsraum positiv erleben. Der Unterschied zwischen Laut und Leise, Bewegung und Ruhe wird verdeutlicht und hervorgehoben. Bei den Übungen wird in der Regel nicht gesprochen, dafür werden die Sinne bzw. bestimmte Körpererfahrungen angeregt. Stilleübungen sind u. a. Sinnesübungen, aber auch Massagen, Mandala malen und Phantasiereisen. Kurz: alles was Stille zum Erlebnis macht.

Die Stilleübungen im Schulalltag orientieren sich im allgemeinen am Prinzip des Einfachen und Wiederholbaren. Sie sollten daher einen festen, für die Kinder erwarteten Platz einnehmen und wiedererkennbare Zeichen bereithalten. In der Regel dauern die Übungen nicht länger als 5-10 Minuten. Zahlreiche Übungen werden durchgeführt, indem die Kinder eine Grundhaltung einnehmen; dazu gehört bequemes Sitzen, freies Atmen, die Augen bleiben geschlossen oder ruhig auf einen Punkt gerichtet. Bewegungs- und Körperübungen gehören zu den von Kindern besonders geliebten Stilleübungen; auch sie können zu großer Konzentration und zum inneren Stillwerden führen, wenn sie entsprechend eingeleitet und mit der nötigen Achtsamkeit durchgeführt werden. Themenbezogene Übungen können in diesem Sinn phantasiereich gestaltet werden.

Sinn von Stilleübungen

Unser Alltag ist geprägt von ruheloser Hektik und ständigen Geräuschen. Zur Ruhe kommen: das lässt Kraft schöpfen und setzt Kreativität frei. Kinder brauchen beides nötig:

1. Kognitiv

Fähigkeit abzuschalten und zu entspannen beibehalten
Wahrnehmung wird gefördert durch Sinnesanregungen
Konzentration wird gesteigert und geübt
Ausdauer wird angeregt und gefördert
Begriffsbildung und Förderung der Kommunikation
abstraktes Vorstellungsvermögen wird gefördert
Lernbereitschaft steigern
Schul- und Lebensvorbereitung!

2. Sozial

Kontakt untereinander (gemeinsames Üben, Körperkontakt)
Selbstbewusstsein stärken durch Erfolgserlebnisse
Gemeinschaftsgefühl entsteht
Spielfähigkeit fördern
Phantasie fördern, Kooperation
Achtung und Wertschätzung untereinander

3. Emotional

Kreativität und Phantasie
Persönlichkeitsentwicklung, Selbstvertrauen
Entscheidungsfreudigkeit durch erkennen der eigenen Fähigkeiten und Fertigkeiten
Freude an den kleinen Dingen im Leben
Verarbeitung von erlebten durch Träumereien
Gleichgewicht zwischen Bewegung und Ruhe
Stress und Leistungsdruck verarbeiten durch Abschalten
innerliche Stabilität
Aus sich selbst heraus zur Ruhe finden ohne Hilfsmittel wie Medien (Suchtprävention!)
Ängste mindern und abbauen
sich selbst Freiräume schaffen

4. Motorisch

Körperwahrnehmung und Körperbewusstsein
eigene Akzeptanz und Annahme
besseres Vertrauen in eigenen motorische Leistungen
Bewusstsein für Körpervorgänge, Unterschied Bewegung-Entspannung
Verspannungen lösen und Haltung verbessern
Atemtechnik üben
Stabilisierung des Immunsystems"

10 goldene Regeln - „Übungen als Teil einer ganzheitlichen Erziehung"

Damit Stilleübungen und Sinneserfahrungen gelingen, bedarf es einer sorgfältigen Vorbereitung und sicheren Anleitung.

- Die innere Haltung der Lehrperson   - Vorerfahrungen der Schüler berücksichtigen
- Die Atmosphäre in der Klasse   - Die Raumgestaltung
- Dem Bewegungsbedürfnis Raum geben   - Den geeigneten Zeitpunkt wählen
- Die Auswahl der Übungen   - Vom Umgang mit Störungen
- Die Auswertung

Vorstellung verschiedener Stilleübungen – theoretisch

- Stein-Reich
- Übungen mit Pflanzen
- Bewegungsphantasien mit Tieren
- Rückenmassage
- Mandalas
- Fantasiereisen
- Der Stein
- Mandala legen
Übungen zur Sensibilisierung der Sinn
   - Geräuschedöschen
   - Dem Ton nachhören
   - Fühlkissen
   - Auf Tuchfühlung gehen
   - Gedanken-Rucksack
   - Powertüten

Biblische Geschichten - praktisch

- **Der blinde Bartimäus** - Ziel: Den Aussagegehalt der Geschichte durch die eigenen Gefühle erfahren (und nicht nur über den Verstand).

Material:

• Eine große dicke Kerze in der Kreismitte.

Ablauf:

• Wir sitzen mit den Schülern im Kreis, in der Mitte brennt die Kerze (der Raum ist abgedunkelt);
• wir bereiten die Schüler auf die Geschichte vor und bitten sie, beim Zuhören die Augen zu schließen;
• den Schülern wird angekündigt, dass sie am Ende der Geschichte mit geschlossenen Augen und in ruhiger Körperhaltung auf ein "Zeichen" warten dürfen;
• die Geschichte vom blinden Bartimäus wird vorgelesen;
• die Lehrperson nimmt die Kerze und geht langsam von Schüler zu Schüler;
• dabei wird die Kerze so gehalten, dass die Schüler das Licht und die Wärme wahrnehmen.

Impulsfragen:

• Wie ging es Dir bei der Geschichte?
• Wie ist es Bartimäus ergangen, als er nicht sehen konnte?
• Was hast Du gefühlt, als Du auf das Zeichen gewartet hast?
• Wie war es, als das Zeichen kam?

- **Fantasiereise: Gott ist wie ein guter Hirte (Psalm 23)8**

Du bist draußen in der Natur... Es ist ein schöner Tag... Du beschließt, zu dem Feld zu laufen... auf dem oft ein Hirte mit seiner Herde steht... Schon von weitem hörst du das Blöken der Schafe... und ab und zu das Bellen von einem der Schäferhunde... Als du dich näherst, riechst du in der Nase den ganz typischen Geruch der Tiere, den du so sehr magst... Du streichelst eines der Schafe.. spürst das weiche, haarige Fell in deinen Händen... und hältst Ausschau nach dem Hirten... Der ist am Ende der Herde und beginnt gerade damit, seine Schafe auf eine andere Weide zu führen ... Die ganze Herde setzt sich in Bewegung ... und du gehst einfach mit ... folgst ihr ... Der Weg geht zunächst über Feldwege... und dann über eine Wiese ... von dort aus gelangst du zu einem Bach... du siehst, dass sich der Hirte an der Quelle des Baches niederlässt... und gehst zu ihm hin ... Du freust dich, ihn anzutreffen ... Ihr verweilt eine ganze Zeit an der Quelle ... bis der Hirte dich und die Herde in ein Tal führt ... Das Tal wird immer enger ... und auch dunkler ... und kühler ...Wenn du nach oben schaust, siehst du die Sonne noch ... aber ihre Wärme ist im Moment nicht zu spüren ... Doch du hast Vertrauen zu dem Hirten ... und folgst immer weiter ... bis zum Ende des Tales... Dort tut sich eine weite ... grüne ... helle Ebene auf ... Wohin dein Auge auch schaut, du siehst grüne saftige Wiesen ... der Hirte lädt dich ein, mit ihm gemeinsam auszuruhen und dich zu stärken ...

Er breitet seine Decke aus ... und teilt seinen Proviant mit dir ... Du sitzt mit ihm gemeinsam an diesem schönen Flecken Erde ... und spürst wie du auftankst ... und Kraft schöpfst ... Die Schafe grasen zufrieden ... ab und zu kommt einer der Hunde zu euch ... und erhält vom Hirten ein Stück Wurst ... Du genießt diese friedliche Stimmung ... die Sonne ... und vor allem die Anwesenheit des Hirten ... Du unterhältst dich mit ihm ... und spürst, dass er dich sehr mag ... Der Hirte lädt dich ein, wann immer du möchtest, zu ihm zu kommen ... mit ihm zu gehen ... und bei ihm zu sein ... Überglücklich über diese Einladung verabschiedest du dich ... und machst dich auf den Heimweg ... Du beschließt, die Freundschaft zu dem Hirten zu pflegen ...

Ziele:

• Die Schüler sollen beim Hören der Geschichte eigene innere Bilder entwickeln;
• die Gefühle sollen angesprochen werden und die Kinder bereichern;
• Sinneswahrnehmungen sollen angeregt werden.

Material:

• reine Schafswolle (im Bastelladen);
• Schafe auf Tonkarton (siehe Kopiervorlage Schaf).

Ablauf:

• Die Schüler werden auf die Fantasiereise eingestimmt;
• es wird eine bequeme Sitzhaltung im Kreis eingenommen, in der die Schüler gut atmen können und sich nicht eingeengt fühlen;
• die Schüler schließen ihre Augen und formen beide Hände zu einer Schale, die in den Schoß gelegt wird;
• die Geschichte langsam in ruhiger Tonlage vorlesen (evtl. kann der Text gekürzt werden);
• den Schülern wird die Wolle (oder das bereits angefertigte Schaf in die Hände gelegt);
• die Schüler werden ermuntert, mit geschlossenen Augen zu tasten und an der Wolle zu riechen;
• nun werden sie behutsam aus der Geschichte zurückgeführt und schauen, was in ihrer Hand liegt;
• eventuell kann der Psalm gesprochen werden.

Impulsfragen:

• Es kann gemeinsam überlegt werden, wie die Freundschaft zu dem Hirten gepflegt werden kann, gerade im übertragenen Sinn zu Gott.

Literaturangaben
http://www.rpi-loccum.de/stille.html
Maschwitz, Gerda u. Rüdiger: Gemeinsam Stille entdecken. Übungen für Kinder und Erwachsene. München: Kösel-Verlag 1995.
Esser, Wolfgang u. Kothen, Susanne: Die Seele befreien. Spiritualität für Kinder. Ein Praxisbuch. München: Kösel-Verlag 1998.
Brunner, Reinhard: Hörst du die Stille? Meditative Übungen mit Kindern. München: Kösel-Verlag 1998.
Olbrich, Hiltraud u. Stonis, Andreas: Was gut tut. Spiel und Stille im Religionsunterricht. Werkbuch RU 1 bis 6. Lahr: Ernst Kaufmann Verlag 1999.
Peters, Claudia: Still werden und Staunen. "Stille Zeiten" in Kindergarten, Schule und Gruppen. Freiburg i. Br.: Herder Verlag 1998.Bellinghausen, Christine: Die Welt mit Licht füllen. 30 Mandalas zu 24 Märchen zum Lesen, Erzählen, Ausmalen. München: Deutscher Katecheten-Verein e.V 1998.
http://www.ifrr.de/Beitraege/420014.html